Ho visto i fiori volare

Questo progetto artistico è nato grazie all'incontro inaspettato, ma vitale, fra la potenza della poesia e la fragile realtà. Fra parole che invocano le sfere più profonde dell'anima, e i gesti concreti, che ne svelano "l'inesauribile segreto" (cit. Ungaretti), nella relazione caritatevole con l'Altro. Il libro, con il suo ricavato, vuole contribuire alla sensibilizzazione e alla costruzione di un centro per l'inclusione a supporto di bambini, ragazzi e adulti autistici, per accompagnarli in un Progetto di Vita che miri alla loro indipendenza e al miglioramento delle relazioni sociali. "Ho visto i fiori volare", boccioli dischiusi che danzano all'unisono disperdendosi nel cielo delle possibilità più belle. La poesia ha un ruolo privilegiato nella promozione del dialogo, della comunicazione, della condivisione emotiva e per questo può realizzare sogni inimmaginabili, perché, come disse Alda Merini: "il poeta è sempre lontano dall'impossibile". Una creazione rigenerante, umile e preziosa quanto lo sono le anime messe a nudo in questo coacervo di incontri di "ladri di fuoco", i poeti per Arthur Rimbaud.

Abbandonatevi al suono dell'ineffabile, al sapore di buono e al calore di vibrazioni uniche e viscerali, tradotte in versi dai tanti autori, in relazione fra loro sulla piattaforma virtuale di Instagram, ma felici di varcarne la soglia, per giungere tra le mani di tutti.

E nei loro cuori, poi, poter finalmente sbocciare.

E voi, siete pronti a vedere i fiori volare?

Poetinsieme
Pellegrini Maria Grazia e Monica Fornelli

Alla scrittura,
forma d'arte pura

NUOVO GIORNO

Camminava il cinguettio del gesto - improvviso
reso Ala per un cuore.
Si faceva commemorazione tra umano e animale.
Una pergamena perduta nel becco dell'uccello.
È partita la via, per dove?
La vita si comporta come petali di un fiore
senza spazio tra i limiti che li separano
accorrersi è spostarsi nel vento tra le spinte
ove colori della pelle sono singoli cantati di dio.
Impregnato il sudore del castigo -
se rifiutato l'atterraggio di un passo avanti.
Ospiti interi porgono guance lievi dai pendoli
vi passa un'espressione d'amore.
Su al cielo la via degli occhi, in basso l'interrato
da cui un nuovo giorno chiama sé stesso.

Veronica Paladini
@ilmiosentire_

PONTE D'AMORE

Le raccontavo in silenzio le mie dinamiche interiori mentre lasciava sul tavolo del pane. Era con la sua solita borsa nera, uscì di casa sorvolando sul bacio, io terminavo di bere il latte semifreddo dalla mia tazza preferita. Rimasi in casa tutta la mattina, attesi la frustrazione svanire, subita a scuola il giorno prima e difficile da quietare. Per lei il mio stato d'animo doveva corrispondere tutte le volte a uno stato interiore sereno e quasi privo di nuvole soprattutto se potevo concentrarmi a fare i compiti che, faticando, lasciavo inconclusi.
Avevo riempito il quaderno di matematica con appunti maldestri dopo aver sentito distratto le spiegazioni della maestra. Cominciai a leggere lentamente, di seguito arrivai alla decodifica dei numeri, mi resi conto che nulla di quello che stavo tentando di risolvere riuscivo a capirlo. Ricordai le parole di mia madre sull'avere una sana iniziativa in situazioni come quelle che potevano da un lato scoraggiarmi oppure fare venire voglia di giocare.

Veronica Paladini
@ilmiosentire_

Mi abituavo ancora una volta al fatto che il mio apprendimento era diverso da quello degli altri e questa consapevolezza non potevo cambiarla. Ognuno aveva una postura differente, stili originali, modi di apprendere unici, mondi da esplorare. La mia concentrazione svanì e lasciai schiuso il quaderno. In casi come quello era necessaria una cura tutta materna

che per me significava benzina per il corpo, sole per i pensieri, incentivo importante per le difficoltà. Solo più tardi quando riprovammo io e lei a risolvere quell'equazione compresi la sua soluzione. Il sorriso di

mia madre si adagiò delicato sulle mie spalle e con le sue docili antenne teneva al sicuro la mia anima. Per questo rammentai a me stesso che il bisogno di aiuto non era poi così male come poteva sembrare e da ostacolo si faceva ponte d'amore. In che modo questa trasformazione era presente quando aprivo un libro o un quaderno di scuola? Potevo guardare la mia diversità come mia madre guardava me, la nostra casa, il pane sul tavolo tutte le mattine. Scorrendo lieve le sue angolature, girava e rigirava la sua consistenza con le mani, si interessava a esso in modo sincero. Io dovevo stare al quaderno di matematica, come lei stava al pane. Adesso, la soluzione dell'equazione era davanti ai miei occhi.

Veronica Paladini
@ilmiosentire_

L'INCANTO DELLA VITA

Vago tra nuvole bianche.
Saltello continuamente
dall'una all'altra.
Non seguo direzioni,
ma solo emozioni sconosciute.
Di tanto in tanto,
mi lascio cullare
dal loro danzare.
A volte mi affaccio
e mi abbandono all'incanto del mare,
della terra e dei mille abbaglianti colori.
Ci sono cuori laggiù
che pulsano con forza per me.
Li raggiungo,
mi lascio circondare d'amore,
li abbraccio forte anch'io,
inondo loro di sorrisi
e di infinito respiro di Vita.

Agnese
Ig: @__thesunalwaysrises__

HO VISTO...

Ero beata(mente) sdraiata sul prato
gli occhi (ri)volti al cielo,
il vento giocava con le nuvole,
tentava di liberare i raggi del sole.

Mi stavo appisolando e sorridevo
solleticata dalla carezza che l'aria mi dava.
Una dolce melodia di note soffuse
si librò in volo cullando i pensieri miei
al pari di un avvolgente abbraccio.

Poi il vento si è fatto più insistente
e ho aperto gli occhi...
Una magia indescrivibile
si stava creando intorno a me.

Ho visto i fiori volare in sincronia perfetta,
parevano tenersi per mano e
in girotondo salivano su
Sempre più su...

Volevano arrivare al sole
e lasciare un messaggio di speranza
come fossero parole d'amore.

Alessandra Bugatti
Ig: @cassandra____75

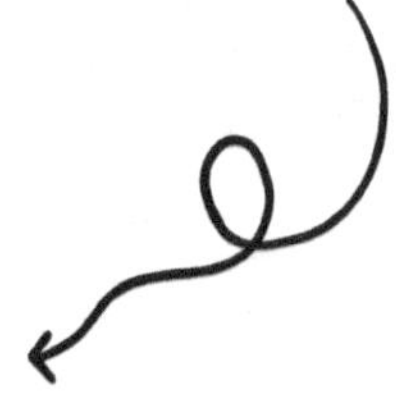

BATTITO DELLA SPERANZA

Adagiata nel mio torpore
mi soffermo ad ascoltare.
Nel silenzio c'è il rumore
del battito della speranza,
è un rumore per pochi,
così leggero,
da poter essere dato per scontato.
E' il dolce tocco di una carezza,
lo sbocciare di un fiore,
il sorriso di un bambino,
la pennellata di un pittore,
il profumo di un colore.
Il battito della speranza arriva
e, troppo spesso, passa inosservato.
Non chiede, preferisce dare,
ma se lo senti non puoi non lasciarti
trasportare ed emozionare.

Alessandra Bugatti
Ig: @cassandra____75

C'È ANCHE QUESTO, IL BOSCO SELVATICO

C'è anche questo, il bosco selvatico
a pochi passi dalla città dei tuoni.
Creature che notano il dettaglio, curiose,
bocche che però non chiedono
una mano aperta. Non chiedono regali,
il pezzo di pane delle trappole
o la carne che nasconde la ferita.
Darsi spazio e pace, chiedono
di non toccare. Lo scambio
è silenzioso benvenuto nella distanza.
Il posto è donato. Anche a me,
nato dalla razza ignorante del bosco,
viene data una possibilità.

Alessandro Lago
Ig: @parole_dove_siete

L'ALBA BRUCIA FORTE

L'alba brucia forte
qualcosa
che non accade,
dita rosse
che rovesciano il cielo.

Alessandro Lago
Ig: @parole_dove_siete

LE TUE PAROLE

E le tue parole per me
hanno avuto lo stesso suono
della risacca.
Farmi dimenticare una modernità
che macina
senza senso,
tornare a credere
nei sorrisi.
Non in quelli
dell'inutile circostanza,
in quelli che fluiscono
spontanei,
come le onde di questo mare,
esitanti, lascive,
salve, le tue parole,
dalle afflizioni mondane.

Alessandro Salemi
Ig: @alesalemi_

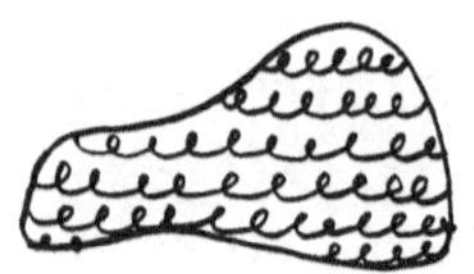

ORIGINE

Le primavere
non hanno più vita breve.
Ora, cantano
porgono la guancia all'inverno
– incassano lo schiaffo.

Di questo conservano il dono
il passaggio la luce
dal limo sbocceranno
fiori di loto

gli stessi che, sguazzando,
segnano un confine
un tratto, benché labile
dell'origine –
è così che il fiore diventa
terra e
mare e
luna;
creazione.

Alessia Monardo
Ig: @alexiefleur

LIBELLULA

Sguardi trama d'un tappeto
di spine come schiusa
di ciglia - in un cielo oceano
vedo tutti i profumi
del mondo e del mondo
sento tutti i colori,
per il verso giusto non è la mia strada.
Io che volo non ho binari.

Alessia Petito
Ig: @sfum_ami

NELLA LUCE

Nella Luce nulla tace,
luminosa, danzante
tra melodie armoniose.
La paura è un riflesso
tra i colori dell'iride arcobaleno
tra i sassi, scalza, crepitio di rovi.
Ma ali di libellula ti riportano in volo
tra nuvole soffici color oro
perché da lì... più forte e chiaro
risuona limpido il tuo faro.

Annalisa
Ig: @alisetravelpoetry

PROFUMO D'AMORE

Io ti vedo rotolare
tra i gomiti della penombra
non nasconderti...
Da lontano,
anche nel vuoto
sento profumi
di rose e glicine
sento l'Amore
mescolarsi al Sole.

Annalisa
Ig: @alisetravelpoetry

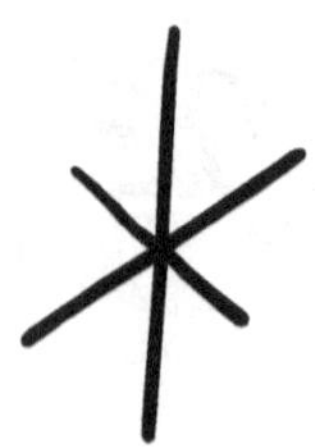

L'UOMO QUALUNQUE

Dal mondo mi nascondo
sotto la mia corona di spine.
Mi puoi guardare, non vedere,
- quasi fossi un porcospino,
sono l'uomo qualunque
che ti cammina vicino.

Angelo Lamera
Ig: @casta_poesis

SPAZI VUOTI

I miei vuoti li ho riempiti
come se fossero voragini
da colmare.
Invece,
sono spazi immensi
da arredare.

Angelo Lamera
Ig: @casta_poesis

NOSTALGICA

Estate,
giù a rotta di collo per prati in fiore,
sinché il vento rendeva sorde le orecchie,
leggere le gambe,
fino a credere di poter volare.
È estate,
rincorro lucertole sugli alberi,
nascondendomi dai piccoli pensieri,
giocando a rimpiattino con la vita.
È estate, quella dell'85,
quella del primo bacio,
dei supertele bucati, abbandonati sui rovi
accanto al campetto,
delle partite senza vincitori né vinti
e senza mai un finale.
L'estate, quella delle stelle,
non con il naso all'insù
ma tutte intorno a noi...
le lucciole illuminavano le notti
e ognuna era desiderio da esprimere.

POST-IT

Bagliori d'estate,
sul viso
profumo di salgemma e sabbia.

Cerulei riflessi,
il sole riverbera sul fondo del tuo vissuto
e mi lasci raccontar di me.

Le parole ora
non barricano più distanze
ma raccontano d'amore.

Ig: @apprendistapoeta

STUPORE

C'è un nuovo cerchio nel campo di grano.
Non è stato tanto difficile:
una tavola grande pesta l'oro serrato come pugni;
tracimano sincere le pupille dilatate dal sole;
velano il tramonto petali mai sazi di cielo.

Lo stupore è cattedra d'amore.

Aureliana Parolo
Ig: @aurelianaparolo

GIROTONDO

Ho visto un battito di ciglia
e ho sentito il cielo fare il girotondo.
Così senza parlare ti ho preso per mano.
Così ci siamo caduti dentro
senza nemmeno respirare.
Abbiamo riempito gli occhi di foglie e fatto
scorpacciate di farfalle.
Poi sono scoppiata a ridere e al primo
cinguettio ti ho lasciato andare.
D'altronde dentro ad un sorriso non saresti
mai potuto restare.

Aureliana Parolo
Ig: @aurelianaparolo

SULLE ALI DEL VENTO

Cantare a squarciagola, dolci note dei Lunapop,
sulle ali del vento.
Raccogliere capelli di seta che scivolano tra le dita,
e addormentarsi, sotto l'abbraccio del sole.
Cercare l'eternità negli angoli del mondo,
trovarla in un frammento di luce.
Piccolo, flebile, indelebile.
Oltre l'infinito. Oltre tutto quello che non c'è.
Dentro questa pelle, come brividi immortali,
come gocce assetate dell'arte dell'immenso.

Benedicta Felice
Ig: @bened_90

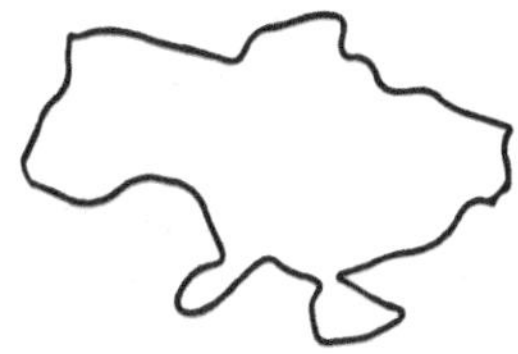

GLI ANGELI DI KIEV

Gli angeli di Kiev lanciano polvere
di fate sugli occhi dei bambini,
per distrarli dal fumo nero
sprigionato dalle bombe.
Gli angeli di Kiev coprono le orecchie
di una madre con petali di rose,
asciugano le lacrime di un nonno
con un fazzoletto che profuma di caramelle.
Gli angeli di Kiev posano peluche accanto
ad un cane che ha smarrito il suo padrone
e fanno nascere fiori dalle macerie.
Gli angeli di Kiev vivono di luce
e neanche il più atroce degli orrori
potrà mai oscurarla.

Benedicta Felice
Ig: @bened_90

GIOCANO, I COLORI

Giocano, i colori
soffiando
nei miei angoli più bui
e col tepore
di quelli caldi,
mi sorridono.
In un cerchio
verso i pigmenti
dei tuoi raggi di sole,
e gli angoli
diventan tondi.
Ho scelto il rosso,
ho scelto te.

Beppe Campo
Ig: @beppecampo

IN UN GIORNO QUALUNQUE

In un giorno qualunque
hai trasformato il buio
in un sorriso
e segnato la realtà
e il suo senso.
Come l'abbraccio di un'alba,
come la prima pagina
di un bacio
come oggi
come il profumo del mattino
come m'illuminano i tuoi occhi.

Beppe Campo
Ig: @beppecampo

TI SONO ACCANTO

Non sai quante volte
vorrei entrare
anche di prepotenza
Scuotere la tua fortezza
fino ad abbatterla
E poi resto lì a guardarti
da ogni angolazione
per scovare un punto
sfuggito al controllo
la smarginatura del cerchio
un pertugio
da cui io ti possa parlare
senza fare rumore

E quando finalmente riemergi
e per un istante infinito
mi guardi e sorridi
In quel momento
spero d'averlo trovato
spero tu m'abbia sentito

Ti sono accanto

Carmela Di Febo
Ig: @super_nova_755

IL MIO PICCOLO ANGELO

Il mio piccolo angelo
mi ha insegnato
che nel silenzio
esistono mille parole
Che in una parola
ripetuta all'infinito
si nascondono
mille significati
Che a volte non serve
un abbraccio
basta un sorriso
per sentirsi vicini
Mi ha insegnato
che nello stesso mondo
coesistono mille mondi
tutti unici e importanti
Il mio piccolo angelo
è unico, come ognuno di noi

Giovanni Larizza
Ig: @il_vecchio_e_il_cane

TU CHIEDIMI

Tu chiedimi
quali sono i colori che preferisco
e io ti indicherò il cielo
e gli alberi
e la terra
e quando piove mi farò mare
perché tu mi possa trovare
solo se in grado
di ascoltare
il canto delle sirene
come so fare io
che non ho avuto paura mai
di cedere alle lusinghe
degli echi velenosi
essendo nato
da una corona di luce.

Chiara Conti
Ig: @anescapefrom__

CAMBIAMENTO

È il momento del cambiamento, mi spaventa
Mi sento sicura nelle abitudini
Nel mio solito essere

Arriva una folata di vento
Spazza via ciò che non serve più
Il superfluo, il negativo

Salto come uno stambecco sulle rocce
Vedo cadere i sassi. Cadrò?
No! Devo solo camminare...
Mettere insieme i passi, uno dietro l'altro

Sento e sto andando verso il nuovo
È solo questione di prendere una nuova abitudine
Devo affacciarmi come su una nuova avventura

Dal passo lieve, passerò a una corsa decisa
Verso nuovi spazi
Verso nuovi orizzonti

Chiara Dea Landi
Ig: @chiara.dea.poems

SE MAI... RICORDATI

Se mai sarai triste
Ricordati

Quando ti sorrido con amore e gioia
Quando le mie mani si posano sulle tue tempie
Come balsamo dei tuoi pensieri
Quando con un filo di voce ti sussurro
Che sei la mia vita
Ricorda la mia voce come guida
Delle tue notti più buie
E il mio corpo sempre temerario pronto a difenderti

Io lo sentirò, non dubitare
Saprò sempre quando avrai bisogno
E allora proietterò
Il mio scudo di luce verso te
Perché anche se non saremo insieme
Le nostre anime sono una sola unione
Forte come il Sole
Indissolubili, legate all'eterno

Chiara Dea Landi
Ig: @chiara.dea.poems

SPERANZE

Cascate immobili
i tuoi occhi
riflettono
luci sospese
di intimi mondi

Dentro mi perdo
afferro il tuo sguardo
mai bugiardo
e azzardo

Ti sfioro
con sussurrate parole
cavalieri in docile armatura
pronte a scalfire
la tua astratta corazza

Le dita si toccano
gli occhi si guardano
siamo solo noi
abbracciati d'amore
in un prato
di meravigliose speranze

Clara Elisa Florita
Ig: @laelipensierieparole

GOMITOLO

Seguo il filo
color arcobaleno
fluttuare nel bosco
Salto e risalto
finché afferro il lembo
e sento tirare
Affascinata,
incuriosita
plasmo
un gomitolo
È vivo,
cerca risposte
senza far domande
mi chiama!
Ora corro
non devo inciampare
tra le sue spire
rigogliose
che attendono solo
d'essere svelate

Nutrito di pazienza
avvolto tra le mie braccia
respira finalmente
la certezza d'essere amato

Clara Elisa Florita
Ig: @laelipensierieparole

TI SORPRENDO

Ti sorprendo
Con lo sguardo perso
Mentre sguazzi felice
Sei meglio di un pesce
Nuoti ti immergi
Riemergi cianciando
Sbatti le mani sull'acqua
Pensiero fisso
Azioni ripetute
Movimenti rapidi periodici
Ma sei tu
Bambino perso
In schemi fissi
In un corpo grande
Che dà paura
Ma tu ami giocare
L'acqua la tua vita
Ed io felice gioco con te

Colantonio Graziano
Ig: @graconius
@animasola

TU DI ME

Tu di me
In realtà cosa conosci
Il profumo delle parole
Che da dentro porto fuori
I boccoli delicati che descrivo
Il pianto perché mi meraviglio
Della natura
Della cattiveria umana
Di come ho emozioni
Che traboccano
Esplodono gentili o furiose
Ma vive libere calde
E di come sto male
Se non mi esce
pensiero coerente
Al mio essere presente
O di come amo intensamente

Colantonio Graziano
Ig: @graconius
    @animasola

2008

Come la luna
nascosta ai mari
Io
Non la magia
di un cielo grigio.
Non la potenza
della terra colma di acqua.
Non più quello sguardo
e il velo della poesia.
Come la ragnatela
disfatta dal vento.
Dalla tela ormai
intrappolata
Io
Non più melodia
Eppure
come la marea
la parola torna
a cercarmi.
E io...
non so che farmene.

Cristina Tiberi
Ig: @cri_knots

RISPECCHIARSI AIUTARSI

La foglia è lucida, la foglia è fresca,
la foglia è lo specchio della nostra bellezza.
Tu, con la foglia
ci puoi creare quello che vuoi...
un sogno una vita un rispecchio,
un ritorno nel passato
e andando nel futuro ti aiuterà.
Tutto ciò che pensi e ripensi lo puoi dire!
Se sei nella natura, cerca un Idem,
scegli un albero e mettiti a meditare.
Non ti vergognare... Tu devi avere quello che hai!
La foglia ti aiuterà a restare vivo,
anche quando morirai essa rispecchierà
dentro di Te... ma proprio ora... un respiro
un profumo, una goccia di pioggia che scende
e riscende finché non si tace.
Quando il fiore sboccia è rosso, bianco, blu...
tutti quei colori!!
"Uhmm che profumo!!"
Sono così profumati che mi viene da rotolare laggiù!
Chissà chi li avrà piantati?
I tulipani, come tutti i fiori,
hanno una caratteristica strana:
i petali sono sempre di forme diverse:
a cerchio, a campana,
a bocca di tigre e tanti altri! Non riesco a spiegarmi!
La mia mamma mi fa vedere i nomi di tutti i fiori
e la mia testa è già piena!!!

Sibilla 9 anni
Cristina Tiberi
[madre e figlia]

IL GIORNO POSSIEDE TUTTO DI TE

Il giorno possiede tutto
– di te –
il fuoco come stella incogitata.
Il caos e la notte, il gesto
degli anni plasmati al ritmo
lento della pioggia – un arco
chiaro dà colore all'ombra –
il segno controverso della grazia.

Claudia Maria Franchina
Ig: @voce_ai_libri

CYRANO

Tu che leggi, siedi e ascolta.
Che un arcobaleno
è più bello se capovolto,
come fosse il sorriso del cielo,
la rotta sicura
d'un vascello da diporto.
Che la Luna è una mamma
che cura i sogni della notte
con una tiepida nanna,
suo tenero oscillare.
Che il mare è solo
un gran bicchiere di lacrime
se ancora stai leggendo
senza ascoltare.
Sì va bene, ora piangi anche per me,
ci sta o forse devi farlo
ma,
ma ricorda che...Tu ricorda.
E abbracciami.

Tuo figlio
(quello a cui hanno detto come fare)

Ig: @cyrano1983

1983

Ci sono posti
che credi inesistenti
solo perché
già troppo distanti.
Ma quei luoghi
ti son vicini,
basta chiedere
ai bambini
che li han visti
davvero.
Che non conoscono
il nero.
Chiedi a loro
che non hanno
cieli in Novembre,
ai sorrisi d'oro
e a quei
magici
"per sempre".

Ig: @cyrano1983

MONDI

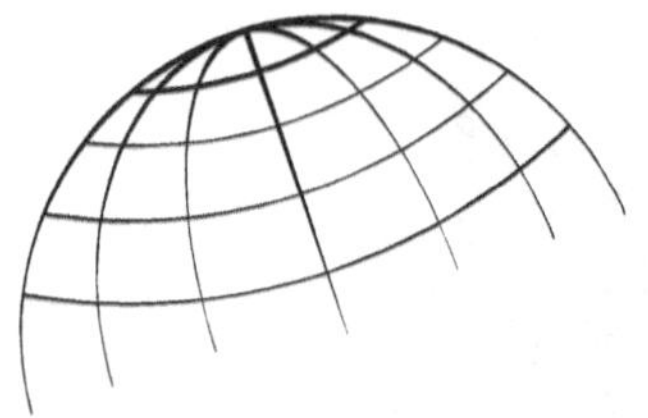

Universi paralleli
distanziano incontri,
abbracci mancati
da sfasature spaziali.
Dischiuse labbra
bisbigliano cantilene,
rassicuranti nenie
di materne culle.
Qui, metodico, amo.

Sappi mio amore
i sussurri nel vento
di canto son pregni
e i limpidi cieli
confini non hanno.
Custodisce la nube
il muto tuo pianto
ma rende speranza
donando un incanto.
Di lacrime e sole
ad arco intrecciate,
un ponte tra i mondi
rive abbracciate.

Daniela Canzi
Ig: @danielacanzi65

DIFESA

Sbiadita di dolore
insabbiata e interrata.
Foglia accartocciata al sole,
suolo come fertile giaciglio
ma rimango senza parole.
Cuore di carta
mi ritaglio e precipito.
Sei come me,
potrei avvicinarmi
ma per difesa
di anima fraintesa
nei versi amo celarmi.
È un letto di sassi
di un amore cresciuto male,
è ferita cosparsa di sale,
festa finita prima di iniziare.
Siamo a terra, stremati
ma abbiamo la forma
di chi ha saputo amare.

Elisa Giusto
Ig: @riemersa

RITROVATA

Mi diffondo
in ramificata
autodeterminazione
è un inverno
tra fiocchi di cotone.
Lascio seccare
la foglia
che fu autolesione.
Fioca e sfocata
la tua suggestione:
non è distesa
ma cielo in dispersione.
Mi sono ritrovata:
merito il mio amore
senza limitazione.

Elisa Giusto
Ig: @riemersa

UN ANGELO FRA NOI

Parlava agli angeli
con le mani in danza al cielo
a grattare nuvole per ridere col sole
Ai suoi passi sbocciavano fiori
l'erba era più verde
il vento in soffio porgeva carezze
sul viso di tutti
a donare amore
Ed io
appoggiata ad un albero in fiore
ammiravo tal meraviglia di bontà
senza riparo dalla crudeltà
raccogliendo i suoi sorrisi in una cesta
con una campanella appesa
per destare amore
al disgelo degli occhi
nel silenzio dei cuori.

Elisabetta Barbera
Ig: @bettyamelie

IL MIO FOLLE AMORE

Mostrami le ombre che dipingi con le mani
quel meraviglioso mondo
di uccelli sui capelli
di farfalle che albeggiano
su fiori fra le dita
e rideremo
e giocheremo
e ti darò un bacio mentre sfuggi
e insieme isseremo al cielo le parole
in quella fessura di mondo neutra
dove incontrarci
con i gesti dei tuoi silenzi
l'amore ai tuoi perché
e i tuoi improvvisi abbracci
nell'oggi di un domani
che sarà.

Elisabetta Barbera
Ig: @bettyamelie

AI BAMBINI DELLA MIA VITA

A due a due, in fila per uno,
giù per le scale, in cerchio,
dispersi come perle rotolanti,
di voi tengo un quaderno in mente
dove i voti non c'entrano niente.
Sul vascello al largo del mare
"più bello che non navigammo",
salpiamo con pirati, orchi, fantasmi, errori,
inciampi, storie, pianti,
idee, vespe ronzanti, amici per la pelle,
ragni sul muro, giorni belli e duri.
Vi guido una poesia negli occhi
e si accendono tutte le stelle del firmamento,
ed ecco la rotta, l'idea, il desiderio!
E il vascello si riempie di suoni,
ipotesi, sogni e propositi,
lo scarabocchio nero
diventa il disegno più bello.
In mezzo a meraviglia e parapiglia
una cosa è certa,
da non pensarci nemmeno su:
sul vascello saliamo tutti insieme
o scendiamo tutti giù.

Elisabetta Pamela Petrolati
Ig: @e.petrolatipoesia

AL CALAR DI UN'ALTRA SERA

M'illumino della sera
incedente e tremula dipinta
dei colori sfumati del crepuscolo...

Alitano i pensieri agli orizzonti
sterminati trasudanti di moti interiori densi d'ardore

L'aria tiepida di una sera di Primavera
racconta di storie intrise di memoria...

Le stelle s'accendono come note,
gli occhi sublimati di attonita meraviglia
si perdono di un universo parallelo

Chi siamo, chi si è
di queste anime bramanti emozioni senza fine

Emiliano Carosi
Ig: @emilian_walkirien

SOLITA SERA.

È una solita sera,
ti guardo,
cercando di catturare
il tuo sguardo,
ma ti allontani.
Cerco un modo
di entrare nel tuo mondo
per capire cosa ti passa
nella mente.
È così difficile comunicare con te,
ma non demordo.
Ti guardo e
aspetto con la speranza
di sentirti dire:
"mamma ti voglio bene"

Filomena Sgaglione
Ig: @filomenasgaglione

NEL MIO MONDO.

Sono birichino sembra
che non vi ascolti,
ma non è così.
Nel mio mondo
salto e sorrido,
piango e ballo,
senza motivo per voi
ma è il mio modo per
comunicare le mie emozioni.
Nel mio mondo
ho tanto amore
da dare e ricevere
basta sapere
entrarci e riuscire
a starmi accanto.
 [a mio figlio]

Filomena Sgaglione
Ig: @filomenasgaglione

INCHIOSTRO TRA LE MANI

Sei profumo e note sparse
nell'astratta melodia
di suoni scoppiati.
S'aggrappano l'un l'altro,
come catene ai polsi,
a fermare tempeste d'anime
e d'ombre rivolte.
Posati,
su improvvisato giaciglio
di inarrivabili utopie distopiche.
Progetta l'assalto
ai nascosti desideri
che t'assediano la mente.
Posati,
hai chimere negli occhi
e labbra di lame.
Posati,
hai chimere negli occhi,
e inchiostro sufficiente
tra le mani.

Francesca Mampieri
Ig: @francescamampieri

LA SEMPLICITA' DI ESSERE

Lasciatemi vivere nell'ordine del mio caos!
Lasciatemi gioire del mio essere buffo!
Lasciatevi strappare un sorriso
quando siamo assieme,
perché è ciò che meglio mi riesce.
Lasciatevi guidare nel mio universo,
perché a differenza del vostro
qui, essere intelligente,
significa spegnere la ragione.
Sì, proprio quella,
la stessa che regola il vostro umore
perché oggi vi manca questo e domani chissà!
Io mi basto così come sono.
Semplice, vero e coerente con la mia natura.
Voi, piuttosto,
avete fatto pace con la vostra di natura?

Francesco Farina
Ig: @open_the_door__9

UragAmo

Uragano e se il tuo compito
fosse quello di trascinare verso nuovi lidi,
vecchi amori rinnovati e custoditi,
portare per mano quei bambini
fino a spiagge bianche e spensierate.
Custodirli e vedere nei loro occhi
la meraviglia che si rinnova?

Giordano Cinelli
Ig: @cinelli.giordano

SCRIGNI DI SOGNI

Siamo scrigni con le nostre gioie
anche con i bottoni rotti della nostra vita,
ma siamo pur sempre scrigni bellissimi.
La nostra vita è un rumore meraviglioso,
perché come colori il mondo tu, nessuno ci riesce

Giordano Cinelli
Ig: @cinelli.giordano

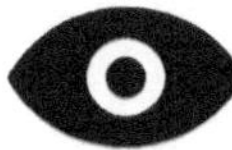

MI GUARDI

Mi Guardi
ma non mi vedi
Un invisibile
filo spinato
ci divide
Come
un campo di ortiche
che non attraversi
Qualcuno ha detto
che siamo diversi
anche se
ci accarezza
lo stesso Sole
Ma, forse
sei più sicuro
se restiamo
al di là del muro

Giovanni Annino
Ig: @giovanni.annino

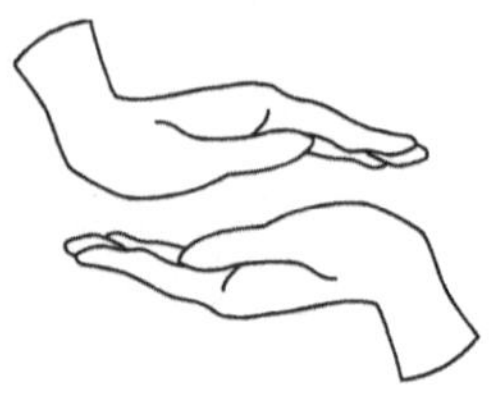

INCONTRO

Questo incontro
mi ha cambiato
Quando hai preso
la mia mano
Anche se
c'era chi
guardava strano
Senza vedere
le Margherite
sul prato
Ogni petalo
un peccato
La Luna
ci faceva l' occhiolino
Perfino
il cielo s'è arrossato
A Lui non importa
se giusto o sbagliato

Giovanni Annino
Ig: @giovanni.annino

CON UNO SCARABOCCHIO

M'illumino d'infinito...
fra le fragranze ritrovate dai colori nelle siepi,
mescolate tra le radici intristite
e il soffio del grecale;
in uno scarabocchio confuso
e tra i miei passi sul selciato,
dal rumore del crepuscolo
e dall'essenza di una melodia del nulla.

M'allieto, tra frammenti di memoria
muto nella mia stessa ombra
tra spiragli di luce svestita ed il pulviscolo
nella mia palpebra socchiusa (e nuda)
piega (o piaga) di allegorica vecchiezza

Infine immerso, tra vicoli muschiosi
e il mio sguardo al cielo e al sigillo d'ali
al mio intuito nella nube...
e all'orchidea selvaggia,
che profuma la mia visione.

Giovanni Clemente
Ig: @abyssus_multa

MEMORIE

Svestirmi debolmente nell'arcano, senza calore
squarciando sguardi nel cuore della sera
beffando quel silenzio che la speranza camuffa.
Lasciare che il destino confonda il dolore
e adagiarmi al dolce sapore di una pera,
cercando ogni giorno, una cosa davvero buffa

Alla tristezza della sera, all'insetto che stride
fra delirio e spasimo, l'ombra diritta ride
mentre il vento benedice i papaveri turbati
immersi fra fiori contadini, delicati e acrobati
che sventolano senza carattere, risuonando
nella bufera e nelle vie non festanti, da pena salvando

Ma ogni sera ritorno nel rifugio calmo e puro
a placare il mio umore, stanco, ma senza riflesso.
Navigo, cullando lo sguardo gonfio e duro
che al tramonto orna, riflette e al suo lume confesso
di ritratti sopra il davanzale delle mie memorie,
dei ricordi nella chiesuola e delle tante storie.

Giovanni Clemente
Ig: @abyssus_multa

RIDENTE DELIZIA

Riscopre il vento la timida lepre
Dal fondo sempreverde dei cipressi
nasa un'aria dai profumi di pregio
pregna di umide foglie a ciuffi
Proprio lì, in premio, s'apre
un preludio di ridente opulenza

Spine a presidio, quale insidia molesta...
Ah quale spreco e quanta rabbia poiché punge
il timore d'apprestarsi ai gineprai puntuti

E quale prete può predicar la resa
al sognatore che già pregusta e rosica?

Presto o tardi quel che è certo per precetto
sbiadirà la resa che prevarica pretestuosa

Ogni concetto presunto
o preacquisito divien svenduto
La timida preda s'acquieta
e si desta un predone lesto
Sprezzante si proietta a prezzo della pelliccia propria
nello spazio precario oppresso e ostile.

E più è angusta la pretesa...   più s'appresta e
approccia
Finché colmo di sorpresa
gusta la preziosa impresa

Giovanni Di Giovanni
Ig: @youpoetize

TEMPORALE

Si nasce a mani chiuse
si muore a mani aperte

Io nel mio trascorrere
stringo i pugni
e tendo le mani

a chi non ha
il cuore serrato
a chi ha
negli occhi un sorriso stellato

Giuliano Cimino
Ig: @ciminogiuliano

INFINITE POSSIBILITÀ

Fioriranno
lune piene
dalle gote dei tuoi sorrisi
infinite possibilità
come le stelle

E questo buio sarà
luce nelle vene
rimargineranno
i crateri, cieli lisi

forse Giove è stanco di noi
forse ci salveremo prima o poi

Giuliano Cimino
Ig: @ciminogiuliano

RINASCITA

Il respiro si fa soffio.
Lo sento vibrare lento,
questo mio dolore.
Terra offesa
nostro ventre.
Sei sogno –

Sono schegge di paura,
questa nostra follia.
Lasciano malate impronte
giù nel profondo.
E una carezza lieve
sento scivolare piano
come goccia di te.
Sapore dove perdersi.
Sarà nuova vita.
Rinascita di bellezza –

Giuseppe Baroni
Ig: @gianopepebursi

OMBRA

C'è un luogo
ch'appartiene al sogno.
È la mia ombra appesa.

Vi dimora libera
la mia sensibilità leggera.
Ha lunghi fili sottili.

Arrivano all'anima.
Ne prendono pezzi
per volare con ali libere.

Giuseppe Baroni
Ig: @gianopepebursi

SONO NATO

Non oltre
verso il nulla
non per pietà
son nato.
Vorrei oltre il mondo
ma non riesco
non riuscirò.
O forse,
son riuscito
a vivere
tra di voi.
Verso il nulla,
oltre il cielo,
oltre il mondo.
Sono nato
dal niente
e sono tutto
verso l'infinito.

Davide Crea
Ig: @fineartdavidecreastudio

NEL VENTO

Tra le urla degli occhi
incombe il silenzio.
È rifugio tra gli argini
di un mondo incompreso.

Cerco i miei colori
nell'esile spazio
di un buio spettrale.

Non so stringerti la mano
non so posare il mio sorriso
tra le dune del tuo cuore.
Ma so volare anch'io
nel profumo dei fiori.

Accompagnato dal vento,
lentamente, raggiungo
l'orizzonte tra cielo e terra.
È lì che brillo
senza più limiti né costrizioni.
Libero
come stille di cielo che
s'adagiano sull'alba della vita.

Marica Aloe
Ig: @gocce_di_crisalide

PRELUDIO

Quello sguardo rapito
da una fessura del cielo
riflesso perfetto
di un indaco pensiero.

Sconfinato, inafferrabile
nei sorrisi di chi s'abbandona
a quelle ignote fragilità
e poi, diviene volo.

Sovrapporre, così
la luce alle ombre,
sentirsi parte del mondo
confinando in un angolo
la parte più sommessa
di sé, solo per un po'.

E osservare da lassù
quant'è piccolo ciò
che invece sembrava immenso.

Respira quel profumo,
di brina e fiori,
di germogli
nel preludio della vita.

Marica Aloe
Ig: @gocce_di_crisalide

PIROGRAFIA

Siamo
e poi
ognuno è

Legami
reclami
o solo prospettiva

Il mio retaggio
è tra queste righe

i versi
puliscili tu.

Guido Bonfini
Ig: @rambole_13

PELLE

La pelle è nuda,
vibra ad ogni tocco
in modo diverso,
è movimento
sincopato o cadenzato.

La pelle è terra di confine
sempre in prima linea
a resistere agli assedi,

respira
trasuda
respinge.

La pelle si annusa
si assapora
e quando cede
sanguina.

La pelle è uno schedario
di impronte che
delineano e definiscono
quel che siamo,
memoria indelebile
delle vite da cui
è stata toccata.

Guido Bonfini
Ig: @rambole_13

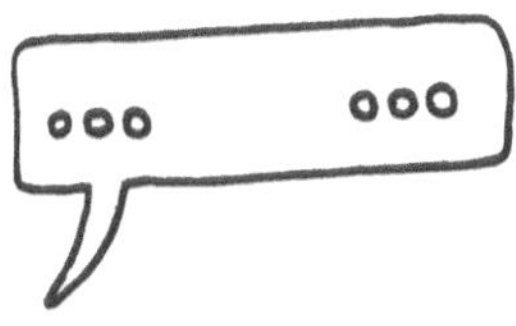

110

110 parole nel mio cuore
scrivo per te, come segno d'amore
110 carezze, che il pensiero
traccia sul foglio contratto leggero
110 poesie per ricordare
le note che facevano sognare
110 ricordi della mia
tristezza, e della tua dolce allegria
Maestro, luminoso il tuo sorriso,
rendeva lieve il peso dei tuoi giorni,
e piegava la sorte indifferente
alla mitezza dolce del tuo viso
che, anche se so che ormai tu non ritorni,
conserverò per sempre nella mente
110 ore al mese ad ascoltare
quel piano che mi fatto innamorare
110 concerti, e le tue mani
raccontavano oroscopi lontani
110 e più baci per provare
a trattenerti, a non lasciarti andare
110 speranze, che il destino
non cancella con la luce del mattino

Irina Mihaela Sava
Ig: @alicemonde2021

TRACCE DI SPERANZA

Nella mia mente tracce di speranza
che tu sia adesso in una grande stanza...
Era il maggio di un'altra primavera,
e un'altra stella era comparsa a sera.
Sono due anni, ben due anni, ormai,
che sappiamo che tu non tornerai.
Hai superato l'ultimo gradino, sei immerso
nella luce di un giardino,
in cui la verità, come una rosa riceve
l'acqua da una fonte ombrosa.
Si percepisce pace, tenerezza,
non c'è fatica lì, non c'è stanchezza.
L'amore e l'arte crescono sui fiori:
è il giardino del Web, dei nostri cuori.
Non ho visto dal vivo un tuo concerto ma
adesso il vento antico del deserto
mi porta le tue note, e già mi assale la nostalgia
di un essere speciale, debole e forte,
sofferente e sano: non te ne andare...
tienici per mano!

Irina Mihaela Sava
Ig: @alicemonde2021

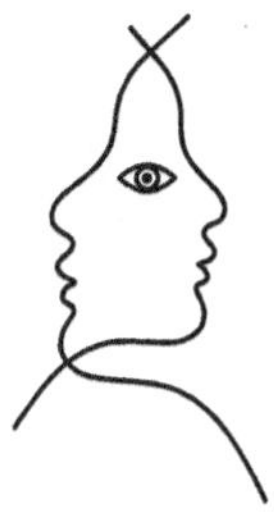

PADRE CONFUSO

Non è semplice sai
il lavoro di padre.
Ma tu, figlia mia,
sei nata strana.
Non capivo i medici,
le loro assurde ipotesi.
Quanto cambia la nascita di una figlia!
Una figlia come te poi
toglie tutte le certezze.
Ora possiamo comunicare con gesti nostri,
e il mondo non capisce il codice.
Ora sei donna autistica,
vivi serena la tua normalità,
ora ti chiedo scusa
per quella mia debolezza che
ha impiegato anni per capire
l'anima tua straordinaria.

Ivan Rizzi
Ig: @rizzi.iv

DIVERSO DA TE

Io nato così
diverso nel mondo,
con il mio modo
di comunicare a te.
In me trovate
possibilità di schernirmi,
pesanti offese feriscono
un fanciullo sensibile.
Crescendo maturi,
tu capisci il mio handicap.
Povero stolto neurotipico.
L'handicap lo hai tu,
io sono autistico,
se non lo capisci
il problema è tuo

Ivan Rizzi
Ig: @rizzi.iv

IL TUO MONDO

Giocherò con il tuo mondo
A dissipar le nebbie
Che ti offuscano le iridi
Scintillar di denti
Giungendo al cuore
Cristalli di tempo
Indissolubili
Inestricabili
Combatterò sapendo
Che dietro le nubi
C'è l'arcobaleno

Laura Maccagno
Ig: @pensieripassati

VEDRÓ IL SORRISO

Vedrò il sorriso
Nel blu
Del tuo mare
Sfiorare
Il mio orizzonte
Ala lieve
Antalgica
Ferite arcaiche
Stillano ancora
Marchio
Di felina cruenza
Vedrò dileguarsi
La tormenta
Corazza di ghiaccio
Al sole d'agosto
Profumo
Di nuovo

Laura Maccagno
Ig: @pensieripassati

IN OGNI ISTANTE

Voglio cercar poesia,
guardare intorno,
scrutare a fondo,
lasciare aperta la porta delle emozioni,
farmi travolgere.
Voglio trovar poesia,
vivere la bellezza dei paesaggi, delle persone,
raccogliere i sorrisi, le sfumature,
la tristezza, l'amore
e trasformare in parole
luci, ombre, colori.
Voglio percepire poesia, sentirla
nei piedi nella sabbia a guardare un tramonto,
nei sorrisi colti da un temporale estivo,
nelle mani che sfiorano la pelle e il cuore,
nelle risate irrefrenabili e inaspettate,
negli occhi che guardano il cielo e sognano.
Voglio vivere la poesia,
che pulsa e abita intorno e dentro di noi.

Laura Marchese
Ig: @_lievemente_

RACCONTAMI

Raccontami l'eco del tuo sogno lontano,
il viaggio mai fatto,
quel sentimento custodito e mai lasciato,
il vuoto che porti dentro,
il frammento del tuo cuore graffiato.
Ti ascolterò in silenzio.

Laura Marchese
Ig: @_lievemente_

VOCALE SPINTA

Se nascere o forgiare natale
può scegliere il vento
che scambia prigioni di travertino
con stanze vista mare sul sole
arancio blu verde
d'intersezione.
La pelle è d'oca muta
che soffia soffia
e, in procinto di una caduta,
smorza smorza
la seduta psicologica
del cuore.
E l'anima
non perde Colore
perché ricorda
che un baratto di vocale
restituirà sempre Calore:
A, A, A,
Amore.

Laura Piras
Ig: @macchi.zei

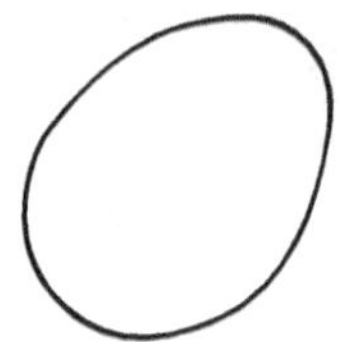

LA CARA, LA FACCIA

Forse è così che ci si scioglie la faccia:
ponendo il sapone
come l'altare
sul quale affidare scivolamenti di bonaccia stanca;

È così forse che seminiamo la terra:
capendo il sapone e,
scivolando sul suo umore- senti la mano artigiana?
È lei che fa

Cara, cara, cara,
La Cara.

Laura Piras
Ig: @macchi.zei

NON VERBALE (FORSE)

Apro gli occhi e la luce della finestra mi abbaglia. Tiro
la coperta sulla testa, allungo le gambe e le richiudo.
Ascolto, non sento rumori, voglio alzarmi, no!
Non mi alzo prima della mamma! Aspetto,
mi rigiro, provo a dormire di nuovo ma non ci riesco.
"Luca sei sveglio?"
La mamma è sveglia!
Scopro la faccia, posso alzarmi. "Sì", oggi ho risposto,
sorrido e mi siedo sul letto. Voglio alzarmi, ma
non senza le ciabatte blu, le cerco, le trovo e le infilo.
Mi alzo e in due passi sono alla porta della cameretta.
Apro ed esco nel corridoio,
la porta della camera di mamma è chiusa.
"Vieni a darmi un bacino",
mi chiama, tre passi e sono alla
porta di camera sua, apro ed entro, la sua bocca e
i suoi occhi che mi sorridono, sorrido anch'io,
mi avvicino e la bacio. Mi stacco, percorro
il corridoio in penombra, arrivo in salotto,
sul tavolo vedo il mio quaderno della CAA,
lo prendo e rifaccio il corridoio quasi di corsa.
Mia mamma ha la fronte aggrottata ma gli
occhi e la bocca sorridono ancora, apro il quaderno,
cerco in sequenza le immagini "Luca", "parlare".
La mamma piange e mi tira a sé stringendomi forte.

Leonardo Chiari
Ig: @nameless.attore

VOI, IL MIO SOSTEGNO

In riva al mar degli Ultimi, son giunto.

Poso i panni del mio giorno
del quotidiano che mi protegge intorno.
Ogni legame col lavoro, slacciato.
Del salvagente mio mondo, mi son privato.

Resto nudo, inerme ma intatto.
Tra le braccia di chi penso più debole, mi tuffo...
Di chi ha bisogno di un gesto, un'azione,
di presenza, un sogno, anche se buffo...

In quel mare, senza nuotare, io galleggio!
Da voi stessi sostenuto.
Da quelle braccia,
che fragili avevo convenuto...

È questo, il mare degli Speciali.

Luca Isoardo
Ig: @luca_iso

UN'ISOLA LONTANA CHIAMA

Un'isola lontana chiama, l'ombra
Che la pace serale increspa intorno;
Germogliano gli scogli, dai campani
Della riva si scuote, il fiato erboso
Del mare: solitaria voce intona,
L'àrcaro del pontile arpeggia al vuoto,
Radice di parole udite arcane

Luca Quattrini
Ig: @dethluca2

NEGLI SCAMPOLI DI LUCE DELLA SERA

Negli scampoli di luce della sera
rimane ancora, per poco, l'illusione
di un segno che sveli l'ultimo segreto.
Fin quando quel rigo azzurro che divide
ingoia la notte
e si spegne anche l'ultimo sussurro
del vento e degli uccelli amici.
Nel silenzio non trapela la parola,
se non d'una visione
o d'un sogno.
Non rimane che uno sguardo,
la memoria che vacilla nei flutti della lontananza.
Non rimane che la tua sembianza,
Silvana, che trasmuta
nel frangente che approda al nuovo giorno
e che mi schiude ad una dolcezza nuova,
come quest'alba che mesce porpora e cobalto
e l'infinita tela marezza.

Pietro Luciano Belcastro
Ig: @pietrolucianobelcastro

UNO SPRAZZO CREMISI

Uno sprazzo cremisi:
e dietro uno screzio nero
ecco il turchino.
Già s'ode il canto mattutino
che ancor il ramo è spoglio:
chiacchiera la capinera,
ciancica lo storno.
In quest'alba d'inverno
è quasi primavera.
Era allor una bufera
e poi tale arrivasti tu.

Pietro Luciano Belcastro
Ig: @pietrolucianobelcastro

AMAMI PER QUEL CHE SONO

Non ho orecchi che intendano come tu vuoi,
ma occhi che parlano di universi
ogniqualvolta da conquistare,
tra cimeli di empatici incontri.
Io mi rifugio se tu mi rifiuti
e chiudo le braccia alla costernazione
del pregiudizio sul mio esistere.
Non vedi che anch'io sono un angelo,
ancor più alato rispetto al mondo?
Sorvolo su pensieri che tu non conosci,
mi muovo come un pendolo sulle ore
di un tempo relativo al mio percepire
e riconosco verità la cui nota
non saprò purtroppo dire.
Ma tu restami vicino quale amico sincero:
ascolta i miei gesti fattisi sentiero
ed amami per quel che sono:
un bimbo mai sceso per davvero sulla Terra
e che ti parla con un dito sul cuore.

Luisa Cataldi
Ig: @cataldi_luisa

L'ANIMA STESSA DELL'AMORE

Crepitano le mani e gli sguardi
al calore del solingo suolo,
due virgole nel vento
segnano pause a parole che si rincorrono
da fratelli.
Sono voci prive di labbra arrossite
all'alba che si rinnova,
è l'eco di chiome posate sull'altra,
in cerca di nulla che non sia
l'anima stessa dell'Amore,
il ventre gravido e impaziente
della vita che accoglie
e poi si ridona.

Luisa Cataldi
Ig: @cataldi_luisa

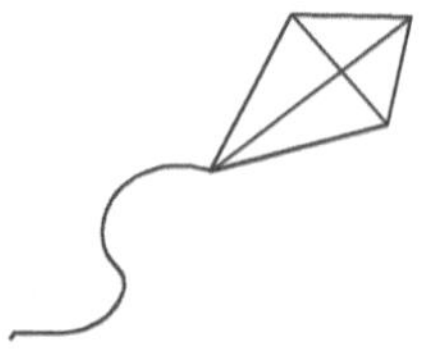

ERA UN AQUILONE

Era un aquilone assai particolare,
dipinto con colori che
non si erano mai visti prima.
Capitava, qualche volta,
di trovare la giusta angolazione
e di riuscire a distinguere
una qualche sfumatura.
Molto spesso no.
Quell'aquilone trascorreva parecchio tempo per
i fatti suoi, sospeso a metà fra cielo e terra,
sferzato dai venti birichini.
Scrutava orizzonti invisibili ai più.
Guardava, assorto, mondi lontani.
Non chiedeva nulla.
Ma il suo cuore di aquilone lo sapeva che laggiù,
da qualche parte, due mani amorevoli, salde,
tenevano stretto il suo filo.

Maddalena Parmisciano
Ig: @ma.lamadda

CUSTODE DELLA NOTTE

Custode della notte mia,
spegni (per)fino l'ultima stella;
conduci, leggiadro, i miei occhi
vegliardi fino a nuova alba:
fresco e incerto germe di vita.
Che trovino, in riposo insonne,
la sì tanto anelata pace.

Marco Astegiano
Ig: @marcursus

PICCOLA NUVOLA

Piccola nuvola,
in quanti oceani
ti dovrai specchiare ancora
per ritrovare un giorno
la tua ancestrale bellezza?

Lasciati cullare dal vento,
e soffice, fatti pioggia,
imperlando i miei occhi anelanti
d'un pianto sommesso
donde fertile germoglia
un virgulto d'amore.

Marco Astegiano
Ig: @marcursus

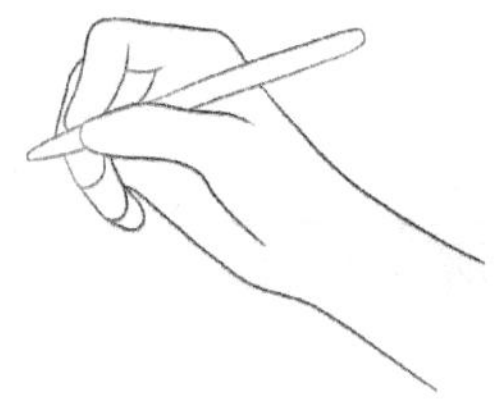

INDELEBILE.

Ho provato a fuggire altrove,
solcando una nuova strada,
ma ovunque io vada,
non mi concedi tregua.
Tu, inesorabilmente, permani,
imprigionata nella mia testa.
Sei la cicatrice indelebile
che sulla mia pelle resta.

Marco Preite
Ig: @marco.preite1

RICORDO PREZIOSO

Un'anima bambina mi posero in braccio
-a storie compiute- mi dissero;
ma lei muta di isole
gettava caramelle dal finestrino.
Dove io vedevo pozze
lei riflessi di creato,
ipnotici baluginii da mirare in eterno.
Un sassolino conservo, cilestrino
-tremo smarrita
dall'essere per sempre immoto
averlo sottratto-
e una foto
di telepatiche intese ben costruite.
Ricordo sì prezioso serbo
in un fazzoletto trapunto di cura.

Maria Brescancin
Ig: @pindaroelenuvole

IN BATTERE E LEVARE

Così potenti sento i battiti della terra
profondi, incessanti, rombanti
scuotono le mie membra.
Linfa e magma le suole
ne rimarcano i solchi vitalità ribollenti;
un pulsare insaziabile
affamato di sole
e di polvere,
rossi e celesti pigmenti
da guardare all'ombra.
A questo battere e levare
devo sovrappormi come carta copiativa
ché una figura appaia,
il mio volto raggiante dell'esser vero
e fiero.

Maria Brescancin
Ig: @pindaroelenuvole

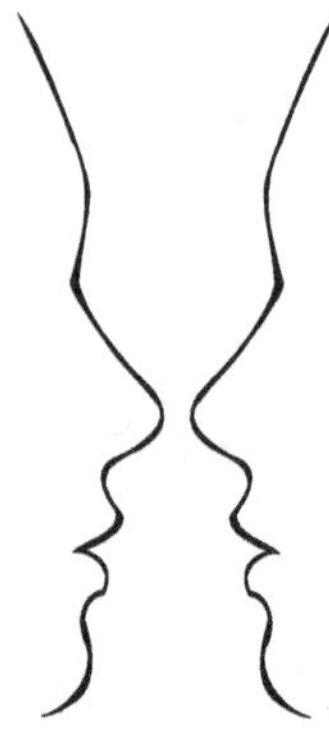

SIMILITUDINE

Avrò cura e comunque
reciderò le angosce dai solstizi
fino ai rami piegati, dell'oggi
del non splendere farò
risorsa, spazio per abitarmi
a comprensione

che cosa vuoi che sia
passare, condurre
nella cerchia il peso il vuoto
o altra similitudine

e avrò, avrò
e comunque
avrò cura.

Marta Bambi
Ig: @maceriecamelie

INDOSSO

Indosso
sorrisi
indosso
calma
indosso
leggerezza
indosso
questa brezza che
mi porta
indosso
noncuranza
indosso
indipendenza
indosso
ma sono senza.
Solo
dentro
indosso
la forza

Maura Termite
Ig: @di__vento

VORREI ESSER PETALO

Vorrei essere petalo
tenerci insieme
per fiorire
aderire al vento
ma mai sola
sfogliarmi la sera
per l'avanscoperta
della terra
il coro a grappolo
di una dolce
caduta

Maura Termite
Ig: @di__vento

Ho solo sfiorato
nella mia vita ragazzi affetti da autismo.
Immaginandomi un mondo tutto loro,
ho provato a immedesimarmi osservandoli.

E non ho trovato
nulla che non potrei trovare in qualsiasi ragazza o
ragazzo sensibile alle nefandezze del mondo odierno.

SEMPLICEMENTE TU

Scivolando dai comuni spazi

trasporti ciò che sei
in mondi tutti tuoi

ribaltando
in tenerezza

ogni singola
espressione

annullando in un sorriso
i confini inesistenti

Mauro Maccarini
Ig: @macpoesia

AL DI QUA DEL MONDO

Dal fondo
degli occhi

mi osserva esterrefatto

immaginando
il futuro
con amore
e comprensione

mostrandomi la via
in un mondo
tutto suo

meglio
sicuramente del mio

Mauro Maccarini
Ig: @macpoesia

VENTO D 'AUTUNNO

Le dissi di non parlare
ma di ascoltare il rumore
delle foglie secche d'autunno
Non era un semplice rumore
era un lamento
Si confidavano solo con il vento
Il vento d'autunno
le aiutava a morire

Michele De Lucia
Ig: @delxy2020

MARE D' INVERNO

Sembra di vedere ancora
i letti dei falò
Sento lo stridulo garrito dei gabbiani
e lo sciabordio delle onde
Tra questi scogli muti
ormai nudi anche di ricordi sbiaditi
A volte spero che la corrente di risacca
li spazzi via insieme alla mia malinconia
Questo sei per me mare d'inverno
freddo deserto d'oblio

Michele De Lucia
Ig: @delxy2020

CRESCERE

Crescere
sbocciare soave e lento
di corolle floreali
tutte un pugno
e dopo un istante
una mano vellutata
le dita verso il cielo
a cercare
gocce d'acqua e Sole
per accogliere
- miriade di emozioni –
un cambiamento.

Nella psiche
è un trastullo
di onde viscerali giocose:
orizzonti aperti come campagne
sono esplosi immensi e sognanti,
e i miei occhi si fanno grandi
di meraviglia perduti.

Milena Zucchini
Ig: @milenazucchini_musica_e_poesia

INCONSCIO

Luce
scava la cavità
del Buio,
determinata
senza sforzi
penetra
il magma nero
dell'ignoto:
ricami guizzi ellissi
danzano
vivificano
il tuo Io.
Ora credi,
ora crea
il Possibile sognante
dall'insolente insapore
Malinconia!

Milena Zucchini
Ig: @milenazucchini_musica_e_poesia

SARA' FINALMENTE PRIMAVERA

Chi sono io?
No, non intendete le parole mie
non intendo sapere come mi appellano
voglio intendere, chi sono io?
D'altronde cos'è un nome?
Epigrafe funeraria incisa su freddo marmo bianco
nel giorno in cui i raggi del sole
termineranno di riflettere il viso nostro
Sono senza volto alcuno
il corpo mio deperisce, invecchia, mortale

Chi sono io?
Non so per davvero chi sono,
ma so d'esser vivo
è l'affetto caloroso di un amico
il dolce verbo di una persona cara
che mi rende vivo, vivo in quanto amo,
vivo in quanto sono amato,
è l'amore che respiro, che mi rende vivo
i giorni grigi passeranno
C'è più luce,
di quanto queste nubi all'orizzonte
vogliano far sembrare
Il volto rischiarirà,
fino ad apparire evidente, senza timore alcuno
la natura sarà ancora più rigogliosa
e sarà finalmente primavera.

Mohamed Niang
Ig: @ilpoetamaledetto97

LA FUGA

Onde di preoccupazione permanente
s'infrangono sul mio animo
in maniera evidente
consumato dalla solitudine
dalla consapevolezza di essere inadatto alla vita
consumato
dalla routine e dallo stato di incertezza
vorrei prendermi
una pausa per approfondire la mia inadeguatezza
Stato di decadenza che risente più sull'animo che
sul corpo
Non è facile prendersi una pausa dalla vita
da quella salita continua e infinita
una pausa, per una fuga, una fuga... da se stessi
per poter riscoprire
tutto e guardare il mondo con occhi diversi
Conciliazione impossibile
quella fra le diverse personalità del mio essere
sfida volta alla coerenza e all'omogeneità di se stessi
una sfida da cui ci si può aspettare solo di perdere
consapevole di non dover cercare di essere sani
ma soltanto di essere meno malati
Consapevole di dover tendere all'autenticità
per poter continuare la ricerca infinita della felicità

Mohamed Niang
Ig: @ilpoetamaledetto97

IL FIORE DEI RICORDI

Nel fiore dei ricordi
giace imperituro
l'odore del buono.
Calice di felicità
ove i languori dell'anima
trovano sollievo.
Fiore caro e sempiterno
di primavere di vita nuova.

Monica Fornelli
Ig: @monixfor

ORCHESTRA TRA VENTO E TERRA

Canto nel vento,
raccolgo perle disseminate
tra rovi.
Girovago tra lo stormire
dolce e delicato
di rami che mi coccolano,
violini improvvisati di
usignoli vigorosi e soavi.
Fanno capolino i merli
canticchian note nella notte.
Serena orchestra di
suoni ancestrali,
di musicalità evocata
dall'antica sapienza del mondo.
Insuffli divini
in impasto di carne e pietra;
nuova umanità rivela dov'è casa.

Monica Fornelli
Ig: @monixfor

NENIA CONTRO L'ABILISMO

E l'Io mïo mïa cara mïo amor mïa tribolatsione
E l'Io mïo è 'nfermo è störpio è trasandattö
E l'Io mïo nun è fatto par urlare per recittare
E l'Io mïo nun è actöre né merchante né 'ratore
E l'Io mïo piagne afflittö tra l'ossi tuüi tu sleal;
E l'Io mïo è grän
ricordatore studdia 'l mondo studdia i sgüardi
cholmi de loghi indetti e sogna odöri e luci e
attimi schordatï da
li altri s'abbevëra d'umöri divoröso d'amöri
e 'nfatti se ripposa co' le vocci de' chi amä se perde
a rimembrärle
le chonta e sono düe solenni una thorrida e una
eqüorea passa l'ore a demandarsi
cha sappor poö aver una
piatsa lecchata dar sole un düomo
aviluppatö da la nebia
corre pöi verso 'l precipitsio
de 'l più enthusiastico füror;
E l'Io mïo piuttüosto cha chambiar
Se mette 'n peso ar golëo
Gettänduosi colla vöglia d'anneghar
Ne l'aggitato canal letëo.

Neri Cortopassi
Ig: @ilmercantediluce

[La mia è una tecnica decisamente sperimentale, che prende ispirazione dallo stilnovo, da vari dialetti italiani e anche da alcuni elementi avanguardisti. Fondo insieme le parole soprattutto per dar loro una nuova musicalità, mentre le dieresi, che abbondano in questo tipo di lirica, servono ad "abbellire" i versi stessi; la poesia si fa illustrazione visiva dove le dieresi sono i particolari che vengono aggiunti per attirare l'attenzione del lettore, come se fossero degli studiati giochi di chiaroscuro.]

NEL BLU

Non è chiudersi in se stessi
E neppure alienarsi dal mondo.
Quelli son i segnali manifesti
Che il mio io ha toccato il fondo.

Che fondale in realtà non è
Solo il voler dire "Ora basta!"
Certi che al peggio fine non c'è
Ma è ora di trovare la mia asta.

Quella su cui puntar e far leva
Dopo aver corso nella bufera
Saltato ostacoli finché ce n'era

Rialzatomi dopo esser inciampato
Stretto i denti al dolore di un crampo
Per spiccare verso il cielo il salto.

Ig: @nescionomennn

MUSICA

Mi lascio trasportare
Come una foglia sul mare
Esploro universi paralleli
Senza maschera, senza veli.

Senza paura mi fai volare
Tra dolci melodie da sussurrare,
Violenti impeti che risvegliano i cieli,
Audaci provocazioni per infedeli.

Mi calmi, mi risvegli, mi lasci pensare
Mi scaldi come davanti al focolare,
Mi inciti a mai mollare.

Semplicemente complessa, sei diretta
Come un arco che scocca la sua freccia
E nel buio sai aprire, di luce, una breccia.

Ig: @nescionomennn

HAIKU

raggio di sole
porta una carezza
e tu risplendi

dolce bambino
qual è il tuo colore?
disegna per me

con un soffione
sparpaglio desideri
liberi tutti

se sei triste
stelle verranno per te
guarda il cielo

Nicoletta Padovano
Ig: @battello.ebbro

IO SONO IL TRATTO

Nel tuo affollato mondo
io sono un tratto di pennarello
di quelli finiti accidentalmente
fuori dal foglio.
Esisto, ma in un luogo a parte,
da quella parte
dove tu guardi di rado.
Ho le mie bizzarrie, è vero,
ma chi non ne ha?
Guardo la vita
attraverso occhi a mandorla
e tutto mi sembra bellissimo.
Anche tu.
Vuoi un po' della mia merenda?
Così poi diventiamo amici
e sarò il tratto
che renderà speciale
il nostro disegno.

Ig: @nonsolosole_nonsolosale

ERA STRANO IL MONDO

Quant'erano strani, gli adulti,
negli occhi di un bambino.
Era strano il mondo,
così vasto e tuttavia vicino.
Quanto strano anche il ritratto
nello specchio, il suo riflesso.
Lo stare con me stesso
non è certo nato adesso.
Milioni, gli sguardi disattesi -
ho raggirato il branco.
Eppure anche nel volo
tendevo ad evitar lo stormo.
Continuo a svincolarmi
perché sono stanco.
Elidersi, piuttosto ch'esser
divorati intorno.

Norman Sgrò
Ig: @norman.sgro

BATTITI

Dove un cuore batte c'è
un'anima che ribatte.
In un tempo indefinito dove
divisa lotta
bloccata in un limbo
dove tutto tace.
Specchio di un'ombra che
lambita ritorna
dove il cuore è rimasto.

Patrizia Masi
Ig: @patrimasi

OLTRE

Sfido il tempo che come scheggia
silente attraversa il corpo.
Sfido il tempo che dona gioia e dolore.
Sfido il tempo con occhi da bambina
che sanno ancora sognare.
Lo sfido con un cuore che batte
oltre un tempo che non riuscirò a fermare

Patrizia Masi
Ig: @patrimasi

ALBA

Pallide al tramonto le acque calme
Di riflessi Magenta e luci soffuse
Quell'aura fioca che tenue si diffuse
Mirando sparire il sol dietro le palme

Non c'è buio senza luce
Non c'è guerra senza pace
Non v'è tristezza alcuna
Nessuna paura della notte bruna

Aspettiamo l'alba radiosa
Che illumini la strada maestra
Straripante di speranza briosa
Affacciati alla finestra

Abbracciando il nemico fraterno
Finiscano per sempre le incomprensioni
Terminerà così il lungo inverno
Per il mondo e tutte le nazioni.

IL GIARDINO DELLE ESPERIDI

Ammiro la bellezza dei colori
Disperso nel giardino delle Esperidi
Rapito da profumi di innumerevoli fiori

Nontiscordardimé viole gelsomini
Tra il ranuncolo e il papavero
Mi incantano i visi divini

Sotto l'aranceto esplode la primavera radiosa
Flora Venere e tra le Grazie del Magnifico la sposa

Vola cupido incoccando
Zefiro e il suo soffio d'amore
la bella Clori va bramando

Mercurio dai talari alati
Rende eterna la primavera
E non c'è più inverno per gli innamorati.

Ig: @poesiamalvagia

OCCHI DI SILENZIO

Leggiadra forma vestita di stelle,
Così appari nei miei sogni più belli,

Non hai raggi di luce,
Ma il tuo nome è fatto di dolcezza
E i tuoi capelli splendono d'argento.

La voce della Luna è il tuo respiro,
Il canto delle stelle la tua voce,
Cadenzato nell'animo tuo sospeso,
Affinché il Sole non invidi la notte,
E le stelle non gareggino col giorno.

Tra le mie dita fluisce il tuo profumo,
E nel mio cuore,
guardo il viso tuo soave.

Petali di rose nascondono il tuo seno,
E mi basta posare il viso sul tuo petto,
Per contemplare i tuoi occhi di silenzio.

Massimo Valentini
Ig: @massimo.valentini.scrittore

IL TUO NOME ♡ ♡ ♡ ♡ ♡ ♡ ♡ ♡

Scrissi, un giorno, il tuo nome sulla carta,
ma venne il vento per portarmelo via.

Lo scrissi sulla sabbia del mare,
ma arrivarono le onde per dissolverlo.

"Sciocco!" Mi disse la gente
"Tu che tenti di rendere eterno
un ricordo poiché una donna
non può essere come la immagini!"

Ma io continuai a scrivere perché sapevo
che solo le cose meschine diventano polvere.

E la mia mano correva, rapida,
e il mio cuore batteva, vivo,
perché sapevo che esistevi
e al tuo ricordo il mio sangue
scorreva nelle vene.

E quando, nel cielo s'affacciava la luna,
la guardavo con la speranza nel petto
che un giorno ti avrei incontrata di nuovo
per dirti: io t'amo!

Massimo Valentini
Ig: @massimo.valentini.scrittore

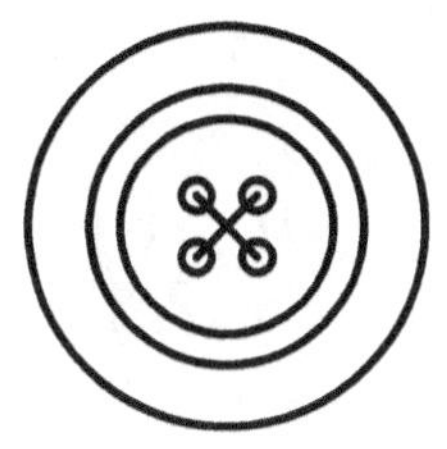

DIESIS

Oltre i semitoni
resistere
e fare danza
come vento su pianta
e poi fumo di caffellatte
e capelli arruffati di sale
pentagrammando speranza
Fuori dal margine
riparare ogni virgola
per avere cura
di raccogliere le chiavi
e attaccare un bottone
come rammendo di sottofondo
al grande limite
delle superbie piccole
del mondo

Renza De Cesare Luxemburg
Ig: @renza_luxemburg

(DI)VERSO IN VERSO

Non capisco come - oltre la mia condizione
caotica, cronica, cromica -
la mia mente concepisca
il tuo essere diverso
senza che scalfisca
il mio pensiero perfetto.
Non capisco come il tuo malessere
possa sorgere sulle mie terre
senza confini, senza pregiudizi,
senza secondi fini.
Sorrido come te, piango come te,
gioisco, mi arrabbio,
amo - come te.
E se questo non ti basta,
che possa accontentare me,
la mia espressione
fuori luogo, fuori modo,
fuori ogni canone.
Che tu possa concepire che sì, sono diverso,
(di)verso in verso tanto quanto te.

Rosa Balzano
Ig: @arbi.rb85

SE POTESSI PORTARTI NEL MIO MONDO

Se potessi portarti nel mio mondo
capiresti che non siamo diversi,
vedresti vivi con i tuoi occhi
i colori celati dai miei silenzi.
Se potessi portarti nel mio mondo
ascolteresti con i tuoi orecchi
i pensieri che non so come spiegare,
le canzoni che vorrei cantare
le poesie che vorrei recitare.
Se potessi ti porterei nel mio mondo,
anche solo per qualche secondo,
per dirti "ti sento" anche solo una volta,
anche quando rinunci a starmi accanto.

Rosa Balzano
Ig: @arbi.rb85

LA CASA DI CARTA

La casa di carta ha tante stanze.
Le puoi disegnare, colorare.
Sulle pareti uno spicchio di luna
un sole per tutti.
Fuori c'è un grande giardino
con tanti bambini, giocano
fanno volare gli aquiloni.
Non si bussa per entrare
la porta è sempre aperta.
La casa di carta
profuma di speranza.

Ig: @rossanapoetessa

IL MIO MONDO E IL TUO

Vivo nel mio spazio
di suoni, immagini, colori.
Vivo nel mio spazio
e tu restane fuori.
Vivo nel mio spazio.

Ciao, vuoi giocare con me?
Vorrei entrare nel tuo mondo,
bellissimo, immaginato,
e poi vorrei portarti nel mio
e farti fare un giro
fatto di suoni, colori, parole.
Dai vieni, vieni con me.

Monica Annalisa Quargnali
Ig: @monicaannalisaquargnali
& @rossanapoetessa

LEGGEREZZA

Desiderio di leggerezza
solleva l'anima mia,
dal silenzio di giorni tesi.
Scivolo lentamente,
in una stanza vuota
che odora di pace.
Svaniscono, remote paure
sui sassi
di una vita passata.
Sfuggono incastonate parole
al pensiero scaltro,
mentre rincorro battiti di stelle
ancora spente,
per ricominciare

Sabrina Pistillo
Ig: @stellababri

RISVEGLI

Si desta,
si veste,
vola leggera.

Tenui profumi
si spargono intorno.

Un fremito d'ali
solleva un respiro.

Soave aroma di pace,
gemma di un nuovo giorno.

Sabrina Pistillo
Ig: @stellababri

C'È DEL SANGUE FUORI DA NOI

Siamo parte del fato
di un sogno innestato
di un mondo fatato
in cui ci sei tu;
e se parlo e ti guardo
ed alzo lo sguardo
il cielo collega
gli opposti lassù.
Tu, sempre più su,
ritagli i contorni
del mare più blu;
ed io mi ci specchio
nel tuo apparecchio,
con la coda dell'occhio,
nel tuo lobo d'orecchio.
Un concetto rifletto
nel corso del tempo:
il corpo è il contorno
di un uomo perfetto.

Salvatore Giuliano
Ig: @bianconibbioh

VIENIMI A PRENDERE

Sarai la mano ferma
che custodisce
la mia sete d'amore
quando mi perdo
tra strade impervie
e non ho molliche di pane
da seminare sul sentiero
di ritorno verso casa

Amico mio,
abbracciami la paura.

Abbi cura dei miei silenzi
dei miei sguardi mancati.
Vienimi a prendere:
sono quello con lo zaino blu mare
e il cuore che batte forte.

Samuele Formisano
Ig: @sam_dreamsandfears

LA CAREZZA ALLA ROSA

Vivere perché non si può nient'altro
che amare col niveo sorriso
o in un torbido pianto
nulla più di un fulmineo calore
nella carezza ad un unico fiore
tra i palmi giostrai di dolcezza
- è la ruvidezza della vita che quieti
così immensa e densa di motivi
l'emozione che vivi
in un timido tocco alla rosa.
Parola che non significhi è la vita,
fascino del sinistro fiore.
Perché della sua insidia non chiedi ragione
e della vita reclami anzi il senso?
Accarezza piuttosto il desiderio che ospiti
e sfida la beffa della percepita offesa,
non chiederti perché esista la spina,
offri dolcezza, l'audacia della carezza
se questa quieta della vita
l'ignota ruvidezza.

Sandra Moretti
Ig: @saf.iris

CONCEDIMI

Concedimi di sognare
per un frastagliato cuore
ed un martoriato spirito,
tenero e protettivo rifugio.

Concedimi d'immaginare
il tepore d'un abbraccio
che soffoca paure
scioglie tensioni
e dona nuova serenità.

Concedimi di desiderare
dolcezza d'un sentimento
che sofferenza allontana
e che di passione arde.

Concedimi d'amare
il sogno d'un istante
che possa durare per l'eternità.

Sara Fusaro
Ig: @scrigno_di_parole

DELL'AMORE... VERITÀ

Dirada mattutina bruma
agli affrettati palpiti
offri l'ardire d'udire
dell'attimo il diletto
d'un segreto il silenzio
del tempo l'incanto
d'una voce il calore
d'un nome la carezza

Dirada mattutina caligine
nudo all'occhio l'orizzonte
di lontani paesaggi
scorgo chiaro il riflesso
dell'amore... verità.

Sara Fusaro
Ig: @scrigno_di_parole

LUCI DELL'ARCOBALENO

Intreccio luci dell'arcobaleno
come calzini spaiati
tra le luci sgargianti
di sorrisi che
urlano sordi
la loro unicità
simbolo di orgoglio
uniti dal filo colorato
della speranza
dal calore delle carezze
intreccio di arcobaleni
e colori spaiati che
regalano luce
donando purezza
con la loro forza
Magia che rigenera

Ig: @kid_metal

RUVIDE NOTE DI SALVEZZA

In caduta libera
senza appigli
né luce a indicare la via
vortice oscuro che tutto travolge
la rabbia mi inghiotte e sputa via la mia anima...
chiedo di rinascere ma nessuno ascolta
il suono distorto e granitico accoglie il mio grido
la musica mi porge la sua mano
guida la rinascita... il cambiamento
la luce torna a baciare la mia pelle
mentre i miei indumenti si colorano di oscurità
sigillo indelebile che si pone a difesa
portando via la disperazione
trasformando la rabbia
ridandomi la forza
mentre scivolo
su quello che molti
definiscono rumore...
il cambiamento

Ig: @kid_metal

PEZZI DI TELA

Saluto le carovane di viaggiatori
dalle lunghe balestre,
morituro autunno.

L'anima computo
una di lune, l'istrionica
m'incanta fisso.

La sera celeste, pure soffiava
cinque ricordi
e un equatore di picchi.

Monia Moroni
Ig: @moniamoroni19

RESPIRARE ATTRAVERSO

Avrei potuto lasciarti dormire
dove il calore dei nostri corpi
scioglieva il suo intreccio

quando l'estate
si poggiava sui tuoi fianchi
e il vento dei paesi arabi
ti soffiava la terra negli occhi.

Il fatto è che
era di gran lunga preferibile
sentirti addosso
con tutti i frammenti del tuo ansimare

uniti
che le tue costole
mi si ancoravano allo sterno
che le mie clavicole
ti cingevano il cuore.

Mi eri tanto vicino
che se prendi fiato
ancora
mi si apre il costato.

Serena Piraino
Ig: @eneiversilaluce_

BERLINO

Ho le braccia
frastagliate dei tuoi vetri;
li ho raccolti ad ogni passo
per non farti tagliare.

Dal marmo sugli scalini
ai mattoni di casa,
ho cementato una strada
che non fosse sbagliata.

Di tutti i muri che ho rotto
il più grosso è rimasto in piedi:
tu ad est, io ad ovest;
nella tua Berlino ho districato
quasi tutto il filo spinato.

Serena Piraino
Ig: @eneiversilaluce_

LA LIBERTÀ ESTERIORE

La libertà esteriore
ha confini non eludibili
argini non superabili
da un'eco gioiosa sul monte
o dalla rabbia del piede premuto sui petali
Realizzata l'espansione dei sensi
germina l'illusione nel suo ricomporsi
in uno spazio di carne ed ossa
di tempo in sequenza
È come una falcata spropositata
un passo d'uomo nel vuoto
con pretese di riuscita
La salvezza è dicotomia dell'anima
dei suoi occhi come ali di alabastro
privata dell'atomo della superficie che degenera
Nel vortice mistico
assapora punte di svincolata dipendenza
di unione superiore
tange l'infinito, libera

Silvia Spedini
Ig: @silviaspedini

È BREVE

È breve
all'anima un
soffio
L'impronta di
vita

Silvia Spedini
Ig: @silviaspedini

I TIPI SOGNANTI

Il silenzio avvizzisce i suoi figli,
ma non loro, non li sposti da sotto il cielo
esausto come le colonne della rovina,
ingrassato di blu, una ferma presenza
che si gonfia con un soffio, tipo vela di pirata.

E notano gli angeli,
fedeli alla luce e con gli sguardi trasparenti,
sale sparso, non la smettono di pensare al bianco;
è il linguaggio naturale della loro mente
che sparpaglia in giro sogni dalle finestre esposte
e il martirio delle foglie nel disegno di un albero.

La vergine delle rocce indossa
un non sottile paludamento di cascate.
La carne è levigata
così prudentemente
da dissacrare i predoni di parole,
giunti all'affilatura dei versi
sullo specchio lunare: dalle labbra fluisce
una poesia azzurra di scorrimento.

Simone Campana
Ig: @sugargarden93

Ma prima che l'anima spenga i suoi riflettori
e il corpo diventi ombroso come uno schermo,
il gallo canterà il numinoso senso
di questo crepuscolare evento
che arriva come un'avventura
nelle palpebre brucianti,
e sarà preghiera per il cervo, l'acqua,
le variegate misure della natura,
il piacere che dimagrisce gli amanti,
ciò che moltiplica gli orizzonti senza fine.

Simone Campana
Ig: @sugargarden93

RECIPROCI INTERCONNESSI

In impeto e adagio...
viole sonore e archi al contrario, sbocciare.
È un attimo e tutto
in contaminazioni d'abbraccio,
equazioni di spazio e tensioni fuori onda,
tra memoria e voce scissi
con empatiche contaminazioni
di movenze soffusioni di idee.
Devono attuarsi i presenti
mentre accadono agli altri?
Fusioni e infusioni di sé l'uomo
senza assorbirlo uniforme
ma in caleidoscopiche profusioni d'amore
propagazione d'unione,
imperlando differenze arricchenti
e di intenti
includenti radici gemmando.

Speranza Porcheddu
Ig: @nontiscordardime70

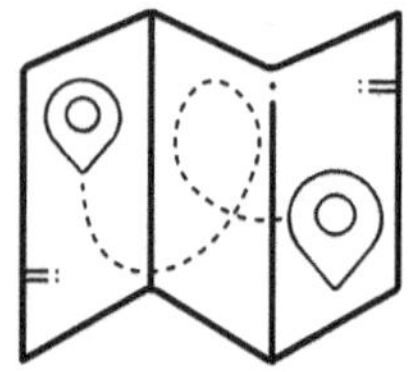

COGLIERTI

Nelle palpebre brio d'aurora
spiove vuoti sfiatati da afonie,
detrazione di senso nel verbo ricomposta.

Ti sdoppi... mi sdoppio
per captarti
in scatole di inavvertenza,
fuori posto,
riponendo dell'intolleranza i polverosi rovi,
d'attenzione suggendo
dagli inesplicabili acerbi alveari
miele nell'interrato incosciente.

Espresso inespresso
ma esistente,
finalmente coglierti.

Speranza Porcheddu
Ig: @nontiscordardime70

IL FIUME

È forse vero che il fiume
ben prima che nel mare si inabissi
fremi di paura all'idea di denudarsi
in un'immensità di cui non è che parte
minima e modesta?
Scenari ha attraversato
dai botri ai campi ai letti
disseccati ai pascoli e i declivi
e le radure... senza mai tacere
e tramutando, a volte dilagando
a volte assottigliando il proprio corpo
fino a farsi goccia che dilavi cumuli e crepacci.
Ma è pur vero che il fiume
ha poco da temere: il mare
non è la fine del suo viaggio
ma l'incipit di un volo demarcato
da ciò che il fiume ha colto
e fino al dolce estuario conservato,
amato e custodito come un sogno
che sempre a ogni percorso abbia evocato
un brivido oceanico nel cuore.

Stefano Budicin
Ig: @merenernellanotte

MIRAGGI

Striavano i tuoi occhi il chiaroscuro
denso e mercuriale all'orizzonte

Striavano l'asfalto della baia
Il baratro del basso bagnasciuga.

Era dell'una il luminare insigne
che l'aria ardeva al suolo e declinava
in una deviazione frastornante.

I miei nei tuoi nell'afa mercuriale
colavano incantati e ripetevano
adagio: colĕre colĕre colĕre..

cogliere dal cuore il grano coltivato
in mesi e settimane di aratura
serbarne la struttura sì che in altri
campi arabili gettarne le sementi.

Ma la memoria menoma il miraggio.

Stefano Budicin
Ig: @merenernellanotte

LA MIA VIRTÙ SEI TU

Se potessi,
dipingerei tutti i colori
dell'arcobaleno sul tuo viso
e ne farei arte.
Se potessi,
ti darei tutto l'azzurro
della volta celeste
ed il cielo proverebbe invidia,
rimarrebbe ammaliato
dai colori che hai dentro,
rimarrebbe colpito
dalle emozioni che sai trasmettere,
in questo tuo perenne rumore
rimarrebbe incantato,
dalle tue dosi di coraggio,
miscelate alla speranza che nutro.
Quando si fa sera,
i tuoi occhi si accendono come fari
e mentre io ti accarezzo il cuore,
tu non hai più paura.

Ig: @sulla_mia_pelle_

SOGNARE

Armonici sguardi,
sorrisi leggeri,
soavi luci della vita,
nella meraviglia
degli abbracci ricevuti.
Per ripararmi dalla tempesta,
in attesa di un sole caldo
arrivi al viso e mi fai strada verso il cuore.
Fatemi giocare con i sogni,
rotolare nello scorrere del tempo,
lasciatemi volare,
come palloncini colorati in cielo
che con un soffio di vento,
aleggiano liberi.
Lasciate che il cuore si faccia leggero
e si posi negli occhi di chi mi guarda,
di chi unisce il suo cuore al mio.
Lasciatemi credere che io possa partire
per nuove avventure,
viaggiare con la mia fantasia,
scoprendo me stesso.

Ig: @sulla_mia_pelle_

PUGNI SUL PETTO

Ho visto i fiori volare
in assenza di vento,
seduto sulle panchine del silenzio.
Tempesta di parole che non odo.
Le tue mani si tendono
cercando la mia anima spaventata,
che,
alzatasi dal buio,
si libra nell'aria
sospinta dai fiori.
Leggera, ineffabile si alza,
sorvolando le colline del cuore.
Sbatti i pugni sul mio petto.
Mi abbracci, mi senti e
di gioia piango.
Sbatto i pugni sul tuo petto.
Ti abbraccio, ti sento e
di gioia piango.

Stefano Giacometti
Ig: @stefanogiacomettiscrittore

NESSUN TEMPO

Ero me e altro da me,
in un luogo e in un tempo.
Un'ombra appesantiva i sogni,
anche quelli lievi,
e abbagli mi tenevano distratto,
come stelle luccicanti
su un plateau di vacuità.
Solitario re, stagnavo,
in un regno che trasfigurando ammalia,
ma che poi ti lascia i cocci,
qualche amico, forse,
e un pugnale nel costato.
-"La fine è in un sogno
che sognerò domani.
Un vento notturno
soffierà dalla finestra
semichiusa del pensiero.
Nostalgia di ciò che forse
non mi apparterrà"-
Null'altro che me.
Luce sull'anima piegata,
nuovi occhi e nuove lune piene.
E nuove schiene.
Ti vedo, adesso,
guardando avanti.
Non dietro, non più.
Nessun tempo arriva invano,
nessun tempo resta.

Ig: @urbano_malinconico

FIORIRÀ

Tra le mie mani
posa il tuo viso,
sento il tremore
del tuo piccolo cuore.
Donami le tue emozioni,
perle sgranate
una ad una
le custodirò come tesori.
Del tuo mondo scriverò
meraviglie,
come semi piantati in arsure
il tuo sorriso sarà l'acqua
che fa germogliare.

Valeria Tinari
Ig: @dire.fare.sognare

SCRIGNI

L'innocenza Angelica,
tremule ali
in scrigni ancora riposte,
candide,
desiderose di planare.
Mani che sanno parlare
in lingue non ancora tradotte,
indecifrabili a noi profani,
ignari
del mondo
che conserva il tutto,
infinito piccolo,
nell'immenso silenzio.

Valeria Tinari
Ig: @dire.fare.sognare

SILENZIO

Ci siamo incontrati in quel silenzio
dove rimanevano sospese mille parole
Ma era il nostro momento lì
dove gli sguardi si raccontavano
senza proferire parola
Solo in punta di piedi si poteva entrare
in un mondo che da bianco e nero, poteva
tramutare in colore
Con te ho imparato a parlare senza parole
e come ogni volto mostra dettagli
che non si possono tralasciare,
ogni tuo sorriso diventa emozione
che arriva al cuore

Ig: @vdany2884

PETALI DI SPERANZA

Petali di speranza.
Cuore puro che spera nasconde giglio inebriante.
Nobiltà d'animo in petali, profuma elevato in
preghiera.
Dolce speme tu che disseti ascolta quel battito
impavido.
Premia chi persevera nelle sfide del presente.
Diventa semenza, radica fertile in rigoglioso futuro.

Fabrizia Figus
Ig: @artemisia.1973

Se ti senti
Perso
E avvolto dal buio,
Ricorda che
Al mondo
Nulla è immutabile.
Zittisci le paure e
Accendi la speranza.

Al silenzio do
Un salto.
Tocco parole
Inespresse e
Splendo nel
Mistero che
Ora tu mi insegni.

Vito Arcano Sabino
Ig: @arcanoprincipedeilupi

COME MAGNOLIA

Rigermogliar
come magnolia
librante
rosacea
intempestiva
nel gigantesco
arazzo di aprile
dove finalmente
s'ode inconfondibile
la Monticola
senza più
nequitoso
lacerarsi
interiormente
-poiché non
ci si cura
di notarla-
cantare ora
in note terse
della solidale
verdezza
della Festuca
che prospera
graduale
senza foga

prende il
suo tempo
per farsi
alveo di
petali sparsi
accogliendo
variazioni
non come
divisori
ma come cancellate
aperte su gradini
che conducono
al mare

Veronica Annunziata
Ig: @phoenisia

INESPRESSA

Sui prossimi tratteggi del sognarmi
ho solo un indice che accompagna il sole-
per elevare l'abisso in iperboli di cielo.
Riesumarmi spoglia dai margini più alti
e ritrovarmi sola - a riva - con la nausea furibonda.

Nella brama di poetarmi
su precipizi di libertà negl'occhi,
cedo al suono di una lacrima
così leggera di risacca - da mutarsi
in sale sulle labbra. Risalire alla Sorgente
è un tuffo che mi manca.

Maria Grazia Pellegrini
Ig: @mosaici_diluce

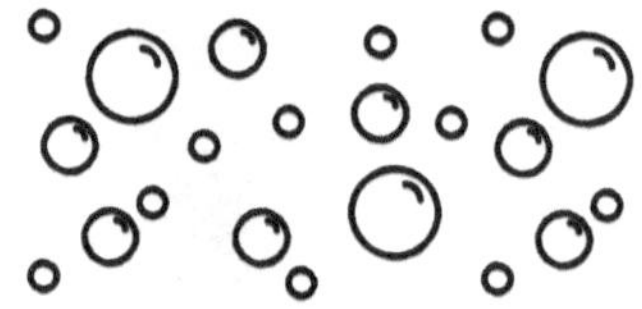

BOLLE

I fiori sono muti
rincorrendosi per mano
Sanno salire e aprirti
in volto la Vita-
Prestano il colore
a occhi di farfalla
che legano in un battito
raggi tridimensionali

-Veloce e franata- sentiamo
la luce, la vediamo giocare
in corsa col vento- planare
e poi
sfuggir-ci in un sogno
talmente lontano dal mondo
talmente Tuo
da sentirlo mio- nel profondo

[sei Tu la mia forza]

Maria Grazia Pellegrini
Ig: @mosaici_diluce

...abbiamo visto i fiori volare.

Grazie
Poetinsieme

www.ingramcontent.com/pod-product-compliance
Lightning Source LLC
Chambersburg PA
CBHW020928160726
47993CB00005B/2174